DUDEN

Sachunterricht 1

Herausgegeben von Prof. Dr. Michael Gebauer

Erarbeitet von Dr. Helga Jarausch,
Daniela Kannenberg, Siglinde Kiesel,
Tanja Nowak, Petra Simmat, Thomas Sudeik,
Elke Toledo und Sabine Wrba

Unter Beratung von Ingrid Jäger-Gutjahr

Duden Schulbuchverlag
Berlin

Inhaltsverzeichnis

Schreiben

Ausschneiden und einkleben

Malen

Beobachten, erkunden

Informationen beschaffen

Experimentieren

Wiederholende und festigende Aufgaben

Grundaufgaben

Herstellen

Sprich darüber!

Knobelaufgaben

Ich finde mich zurecht

- Beschreiben der Räume und ihrer Funktionen
- Vergleich mit eigener Schule: Finden von Gemeinsamkeiten und Unterschieden

• Mögliche Gefahrensituationen und richtiges Verhalten besprechen

Im Klassenzimmer

• Unterschiede und Gemeinsamkeiten von Kindergarten und Schule sowie Wandel des Tagesablaufs thematisieren; Tagesablauf evtl. durch Symbole veranschaulichen

- Gespräch: Sich sicher und rücksichtsvoll im Klassenzimmer bewegen
- Erkennen und Verbalisieren der Raum-Lage-Beziehungen

Schulwege

• Verkehrsteilnehmer benennen • Verschiedene Verkehrssituationen schildern, Gefahren erkennen, evtl. sichere und unsichere Stellen zum Überqueren der Straße mit unterschiedlichen Farben kennzeichnen • Ausgewählte Verkehrszeichen benennen und bestimmen, wichtige Verkehrsregeln kennen

Sina

Julia

Lars

- Standorte der 3 Kinder entdecken, deren sichere und weniger sichere Schulwege herausfinden
- Den eigenen Schulweg beschreiben; gemeinsam reale Schulwege der Kinder abgehen, sichere und gefährliche Stellen fotografieren; „Schulweggeschichten“ erzählen

Sicher über die Straße

1 Ordne die Bilder.

2 Male aus.

• Bilder von S. 77 in die richtige Reihenfolge bringen; mithilfe der Bilder eine „Geschichte" erzählen
• Ampelmännchen in der richtigen Farbe ausmalen; über richtiges Verhalten sprechen

Wiederhole

1 Wie heißen die Verkehrszeichen und die Regeln dazu?

2 Erkläre von deinem Klassenzimmer aus den Fluchtweg.

3 Nenne drei Dinge, die in der Schule anders sind als im Kindergarten.

Schau nach

4 Welche Fahrzeuge fahren schnell, welche langsam?

5 Wie war Omas und Opas Schulanfang?

Probiere aus

6 Mache die Geräusche nach.

Schlauberger

7 Woher kommt der Name Zebrastreifen?

8 Warum kann ein Auto nicht sofort halten?

Herbst

- Im Freien den Herbst erleben
- Beschreibung der für die Jahreszeit typischen Erscheinungsformen (Natur, Pflanzen, Tiere, Wetter)

Es wird Herbst

1

2 Welche Kleidung passt zum Herbst?

• Kinder entsprechend dem Jahreszeitenbild ausmalen; die Sichtbarkeit von heller und dunkler Kleidung vergleichen • Eigene Kleidung einzeichnen • Ein Stück Pergamentpapier über die Kinder legen und die Sichtbarkeit „im Nebel“ abschätzen • Die Bedeutung für die eigene Sicherheit im Straßenverkehr reflektieren

Herbstentdeckungen

1

2

- Einen Unterrichtsgang am Seil entlang durchführen, eigene Entdeckungen machen
- Durch Ausmalen des Randes in der passenden Farbe die Blätter und Früchte richtig zuordnen

1

- Eigene Entdeckungen vom Unterrichtsgang am Seil in einer Collage festhalten
- Die Bäume vergleichen und unterscheiden
- Lieblingsbaum in Rätselform beschreiben

Erntezeit

1 Was wächst bei uns?

2 Das mag ich:

- Obst- und Gemüsesorten mit Namen benennen
- Einschätzen, welches Obst und Gemüse in der Region wächst (Haus in Quadrat einzeichnen)
- Lieblingsobst und -gemüse zeichnen und sich informieren, was daraus hergestellt werden kann

Ein Kartoffelfest feiern

1 Weitere Ideen:

- Mit Kindern ein Kartoffelfest planen und durchführen (Spielideen: Sackhüpfen, Kartoffel-Wettschälen, Kartoffel-Wettlauf mit einem Löffel); gemeinsame Überlegung und Planung von Kartoffelgerichten
- Eigene Ideen der Kinder aufnehmen, diskutieren und wenn möglich umsetzen

Luft

Tanzende Schlangen

Du brauchst:

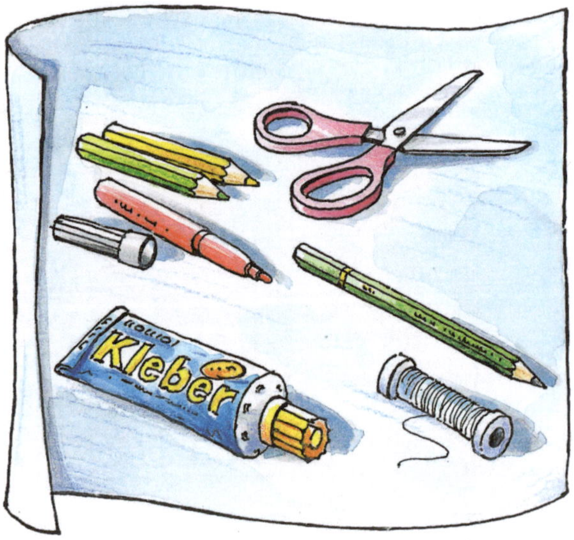

1

1.

2.

3.

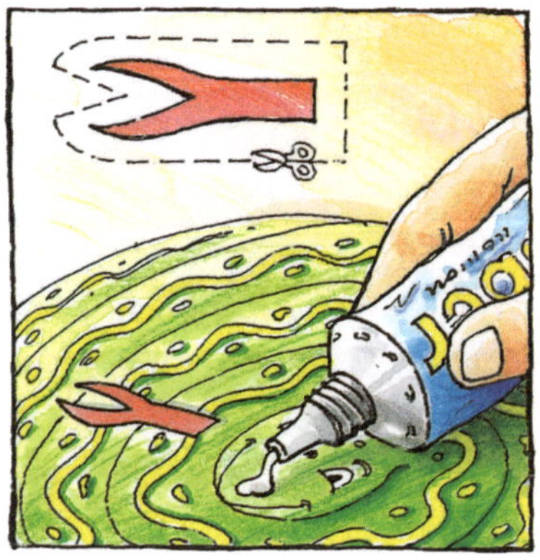

4.

5.

6.

2 Bringe die Schlange zum Tanzen. Berühre sie nicht.

- Herstellen der Schlange nach Anleitung; Verwendung der Vorlage auf S. 79
- Aufhängen der Schlange an verschiedenen Orten
- Feststellen, dass Luft etwas bewegen kann

Licht und Schatten

1 Was ist anders?

2 Welche Lampe leuchtet?

3 Probiere es aus.

• Veränderungen des Schattens im Tagesverlauf beobachten • Veranschaulichung der Beziehung zwischen Lichtquelle, Gegenstand und Schatten • Lichtdurchlässige und -undurchlässige Gegenstände kennenlernen

Feuer

1

2 Wie ist es richtig? Kreuze das Richtige an.

- Gespräch über Vorkommen und Bedeutung des Feuers; Malen des Feuers
- Erkennen von Gefahrensituationen und Aufzeigen von Vermeidungsmöglichkeiten
- Üben von sachgerechtem und verantwortungsvollem Umgang mit Streichholz und Feuerzeug

Wiederhole

1 Warum dreht sich ein Windrad?

2 Welche Farben sind in der Dämmerung gut zu sehen? Kreuze sie an.

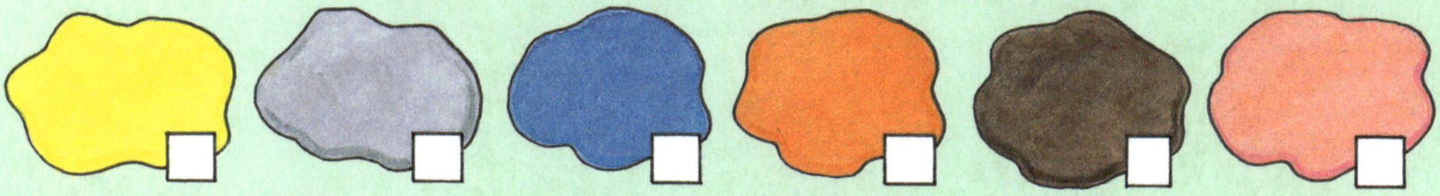

Schau nach

3 Welcher Baum verliert im Herbst seine Nadeln?

4 Finde drei grüne Gemüsesorten.

5 Warum braucht die Kerze einen Docht?

Probiere aus

6 Kannst du „um die Ecke“ leuchten?

7 Stelle ein Kunstwerk aus Blättern her:

Schlauberger

8 Warum werden die Blätter im Herbst bunt?

9 Warum zünden sich Streichhölzer nicht selbst in der Schachtel an?

10 Warum leuchten Glühwürmchen?

So wohnen Kinder bei uns

1 Wo könnte der Junge wohnen?

2 Wo wohnst du?

- Unterschiedliche Wohn- und Lebenssituationen von Kindern kennenlernen und darüber sprechen
- Wichtige Bedingungsfaktoren des Wohnens erkennen
- Die eigene Wohnsituation zeichnen oder fotografieren und mit anderen vergleichen

So wohnen Kinder anderswo

1 In welchem Land leben die Kinder?
① China ② Türkei ③ Brasilien ④ Australien

2 Welche Farben haben die Landesflaggen?

In der Stadt | **Auf dem Land**

____

____

____

____

- Unterschiedliche Lebenssituationen in anderen Ländern kennenlernen und darüber sprechen
- Kinder verschiedener Herkunftsländer erzählen lassen
- Selbstständig Informationen über unterschiedliche Länder einholen; die Länder auf dem Globus suchen

Wünschen und brauchen

1 Was wünschen sich die Kinder?

2 Was brauchen die Kinder? Kreuze es an.

• Gemeinsam mit Kindern über Wünsche sprechen; diskutieren, was Kinder wirklich zum Leben brauchen

1

Das wünsche ich mir:

Das brauche ich:

• Eigene Wünsche und Bedürfnisse malen • Im gemeinsamen Gespräch erarbeiten, dass jeder unterschiedliche Wünsche und Bedürfnisse hat und diese nicht immer erfüllbar sind

Zusammenleben

In der Klasse

1 Was ist gut für die Klasse? Male den Punkt grün an.

• Darüber sprechen, was gut und schlecht ist und wie Kinder miteinander umgehen • Lösungsmöglichkeiten für Konflikte finden • Regeln und Rituale für die eigene Klasse erarbeiten, begründen und organisieren

In der Familie

1 Welche Situationen kennst du?

2 Was würdest du tun?

• Kinder aus der Klasse (Arbeitsheftseite 26) wiederentdecken und ihr Verhalten vergleichen • Darüber sprechen, wie Kinder und Erwachsene miteinander umgehen; Lösungsmöglichkeiten für Konflikte finden

- Im Freien den Winter erleben
- Beschreibung der für die Jahreszeit typischen Erscheinungsformen (Natur, Pflanzen, Tiere, Wetter)

Vögel im Winter

(1) Wie heißen die Vögel?

 ____________________

Sp ____________________

A ____________________

 ____________________

(2) Male den Buchfink naturgetreu aus.

• Sich in Sachbüchern informieren, die Namensrätsel der vier Vögel richtig lösen • Unterscheidung der Vögel anhand Gefiederfarbe und Körperform • Vögel, die im Winter bei uns bleiben, mit Namen benennen • Den Buchfink entsprechend der Gefiederfarbe ausmalen

Andere Tiere im Winter

Fuchs und Igel auf der Spur

1 Von wem stammt die Spur? Kreuze das Tier an.

2 Schau aus dem Fenster. Welche Tiere entdeckst du?

• Über das Verhalten von Igel und Fuchs im Winter nachdenken und unterschiedliche Arten der Überwinterungen beschreiben: Winterschlaf, aktive Überwinterung • Weitere winteraktive Tiere beobachten und in das Fenster einzeichnen; weitere Winterschläfer benennen

Wiederhole

1. Welche Vögel bleiben im Winter bei uns?

2. Wie nennt man diese Häuser? Kennst du noch andere?
Hochhaus (H) Reihenhaus (R) Bauernhaus (B)

Schau nach

3. Warum plustern sich Vögel im Winter auf?

Probiere aus

4. Baue einen Futterring für Vögel.

1.

2.

3.

4.

Schlauberger

5. Warum fallen Vögel beim Schlafen nicht vom Baum?

6. Können Vögel rückwärtsfliegen?

7. Warum frieren Stockenten auf dem Eis nicht fest?

Durch das Jahr

1 Was passt zu welcher Jahreszeit?

• Besprechung der für die Jahreszeit typischen Erscheinungsformen und Veränderungen; Vergleich mit Jahreszeitenbildern • Den Jahreszeiten entsprechende Aktivitäten und Ereignisse von S. 81 zuordnen bzw. malen

• Gespräch über Geburtstage und Lieblingsjahreszeiten der Kinder
• Den Stein mit dem Monatsnamen anmalen, in dem die Kinder Geburtstag haben

Mein Tag

1 Wie sieht dein Lieblingstag aus?

2 Vergleiche mit anderen Kindern.

• Auswählen eines Lieblingswochentags; dessen zeitlichen Ablauf zeichnen bzw. beschreiben • Vergleich in der Klasse • Gemeinsam in der Klasse einen Schultag planen; festgelegte Zeitregeln nennen, die beachtet werden müssen

Vom Morgen bis in die Nacht

1 Welche Tageszeit ist es auf den Bildern? Verbinde Text und Bild.

2 Wo steht die Sonne am Morgen, am Mittag, am Abend?

• Passende Tageszeiten einem Bild zuordnen • Auf den Bildern verschiedene Uhren entdecken; die Uhr als wichtigen Zeitmesser wahrnehmen; über Pünktlichkeit sprechen • Den Sonnenstand zu verschiedenen Tageszeiten besprechen, fehlenden „Sonnenstand“ einzeichnen

Haustiere

Meerschweinchen

1 Was gehört in den Käfig?

• Aussehen der Meerschweinchen betrachten und vergleichen (Körperteile, Fell, Farbe) • Informationsmöglichkeiten besprechen: Expertenkind, Zoohändler, Tierarzt, Tierlexika, Internet etc. • Bilder von S. 83 ausschneiden und einkleben, die 4 falschen Dinge entdecken und besprechen • Käfighaltung hinterfragen

Wellensittiche

1 Beschrifte richtig.

① Auge ② Bauch ③ Flügel ④ Fuß ⑤ Kopf ⑥ Schnabel ⑦ Schwanz

2 Vergleiche die Bilder.

Wellensittiche stammen aus Australien.
Dort leben sie in riesigen Schwärmen. Sie fliegen frei herum.

• Wellensittich beschreiben und Abbildung beschriften (Farbgebung, Körperteile) • Vergleich der Lebensumstände von Wellensittichen im Käfig und in der Natur; Möglichkeiten artgerechter Tierhaltung besprechen

Verstehst du mich?

Hund und Katze sprechen nicht immer die gleiche Sprache.

1 Male die Kästchen in der richtigen Farbe an.

Lass mich in Ruhe!

Nimm dich in Acht!

Spiel mit mir!

Tu mir nichts!

Komm streichle mich!

2 Wie können Hund und Katze dir noch etwas mitteilen?

• Eigene Erfahrungen über das Verhalten von Hunden und Katzen schildern • Abbildungen dem entsprechenden Aufforderungssatz zuordnen • Problematisieren: ähnliches Verhalten – unterschiedliche Bedeutung; sich über weitere Laut- und Körpersprachen von Tieren informieren (Expertenkind, Tierbücher ...)

Wir nutzen Haustiere

1 Wie heißen die Tiere?

2 Was nutzen wir von diesen Tieren?

- Typische Nutztiere benennen, richtige Namen eintragen
- Richtige Tierprodukte auf S. 81 auswählen und hier einkleben (3 Produkte bleiben übrig!)
- Namen der Familienmitglieder kennenlernen; Informationen in Tierbüchern und Tierlexika suchen

Ernährung

Woher kommt unser Essen?

1 Male in der richtigen Farbe aus: Pflanze oder Tier

Info

Wusstest du, dass eine Pizza voller Pflanzen steckt? Der Teig ist meistens aus Weizen (Mehl) und Oliven (Öl). Der Belag besteht oft aus Tomaten, Zwiebeln und den Gewürzen Oregano und Pfeffer.

• Tierische und pflanzliche Nahrungsmittel unterscheiden; feststellen, dass Wasser nicht in das Schema einzuordnen ist • Oberbegriffe wie Obst, Gemüse, Milcherzeugnisse, Hülsenfrüchte, Fett, Fleisch, Fisch etc. verwenden

Gesund essen und trinken

1 Erkläre die Einteilung des Regals.

Gemeinsam ein Klassenfrühstück planen

2 Was kommt auf euren Frühstückstisch? Zeichne es.

• Einen Zusammenhang zwischen Größe und Lage der Regalfächer und einer gesunden Ernährungsweise erkennen (vgl. auch Ernährungspyramide) • Aus dem Angebot an Nahrungsmitteln diejenigen auswählen, die für ein gesundes Pausenfrühstück geeignet sind • Ein gemeinsames Pausenfrühstück planen und durchführen

Frühling

- Im Freien den Frühling erleben
- Beschreibung der für die Jahreszeit typischen Erscheinungsformen (Natur, Pflanzen, Tiere, Wetter)

Pflanzen im Frühling

1 Verbinde.

Gelbe Narzisse

Gänseblümchen

2 Betrachte und beschreibe die Pflanze.

3

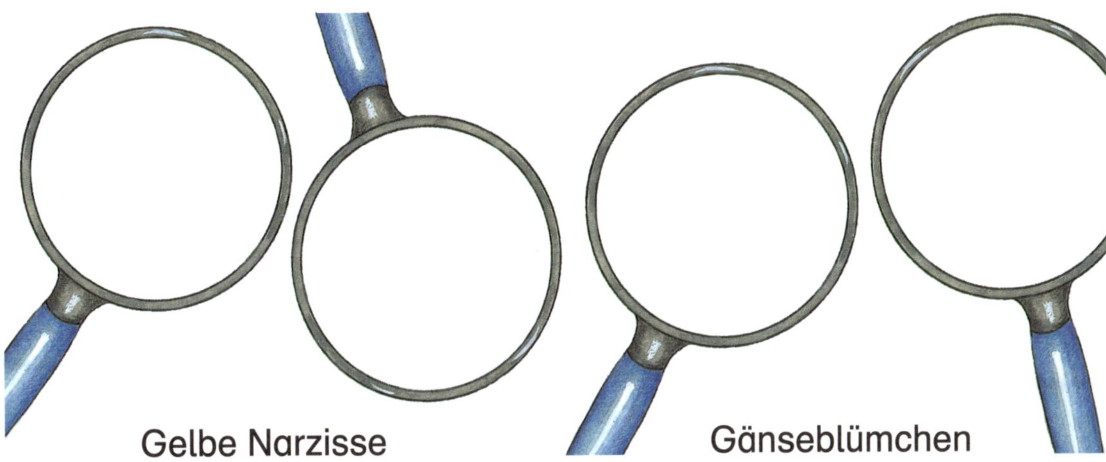

• Vergrößerte Ausschnitte von Narzisse und Gänseblümchen von S. 85 richtig zuordnen • Pflanzen genau betrachten, Unterschiede zwischen den beiden Pflanzen beschreiben (Blüte, Stängel, Blattform, Blattadern)

1 Wie heißen die Frühblüher?

2 Betrachte die Pflanzen genau. Kreuze das Passende an.

	Farbe			Blütenform		Blattform	

• Pflanzennamen kennen lernen und zuordnen • Eine Tabelle als Darstellungsmöglichkeit kennenlernen; Frühblüher nach Farbe, Blüten- und Blattform unterscheiden und in die Tabelle eintragen
• Ähnlichkeiten und Unterschiede aus der Tabelle ablesen; evtl. weiteren Frühblüher in Tabelle eintragen

Pflanzen vermehren sich

① Säe eine Bohne aus.
Beobachte ihr Wachstum.

Pflanzen können sich durch Samen und Ableger vermehren.

② Pflanze einen Ableger ein.

• Verschiedene Vermehrungsmöglichkeiten von Pflanzen kennenlernen • Bohnen aussäen und ihr Wachstum beobachten; den Wachstumsverlauf dokumentieren • Ableger nach Anleitung einpflanzen

Leben auf der Wiese

1 Erkunde eine Wiese. Was entdeckst du? Kreuze es an.

2 Das habe ich noch entdeckt:

- Tiere in ihrem natürlichen Lebensraum erkunden, beschreiben, bestimmen und benennen
- Ergebnisse im Arbeitsheft dokumentieren; evtl. Herstellung eines Wiesenbuchs

Schnecken

1 Suche dir eine Schnecke. Betrachte sie genau.

2 Wie heißen die Schnecken?

Weinbergschnecke (W) Schnirkelschnecke (S) Nacktschnecke (N)

3 Vergleiche genau. Umkreise den Schneckenkönig.

Info

Fast alle Schneckenhäuser sind rechtsgedreht. Schnecken mit einem linksgedrehten Haus nennt man Schneckenkönig.

- Schnecke zeichnen und deren Körperteile (Fuß, Haus, Kopf mit Fühlern) erkunden
- Verschiedene Schneckenarten kennenlernen; in das Kästchen entsprechenden Buchstaben eintragen
- Schneckenhäuser vergleichen und den Schneckenkönig bestimmen

?! Gewusst wie ...

Wiederhole

1. Erstelle einen Steckbrief zu einem Frühblüher im Arbeitsheft.

2. Nenne drei Tiere, die du im Frühling auf der Wiese findest.

3. In welchem Monat feiern wir Silvester?

4. Ordne die Tageszeiten vom Morgen bis in die Nacht.

Morgen	Nachmittag	Mittag	Nacht	Abend	Vormittag
1	☐	☐	☐	☐	☐

5. Wie viele Tage hat eine Woche? ____________

6. Was nutzen wir von der  und der  ?

7. Warum soll man Wellensittiche nicht allein im Käfig halten?

Schau nach

8. Wozu haben manche Blumen eine Zwiebel?

9. Kommen Schnecken mit einem Haus zur Welt?

10. Dürfen Meerschweinchen so viel Heu fressen, wie sie wollen?

11. Waschen sich Schweine?

?!

Probiere aus

1

1. 2. 3. ... nach einem Tag

2 Nimm ein Ei. Ist es frisch?

☐ alt ☐ frisch ☐ alt ☐ frisch

Schlauberger

3 Wozu haben Blumen Blüten?

4 Was macht die Schnecke, wenn sie ein Loch im Haus hat?

5 Warum werden Apfelstücke braun?

6 Welche Menschen arbeiten nachts?

7 Lebten Meerschweinchen früher am Meer?

8 Haben Wellensittiche auch Ohren?

Mein Körper

1 Verbinde Begriff und Körperteil.

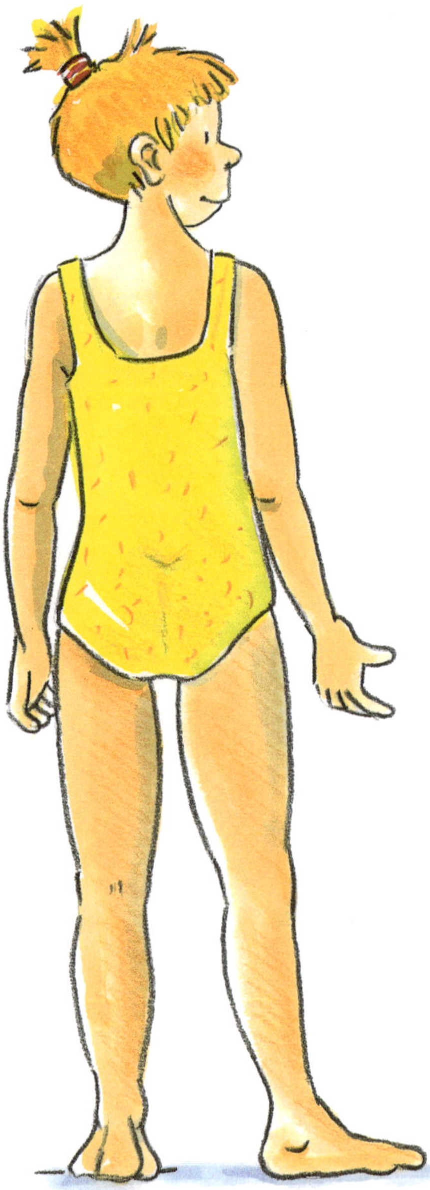

Kopf

Hals

Schulter

Rücken

Brust

Arm

Bauch

Hand

Po

Bein

Fuß

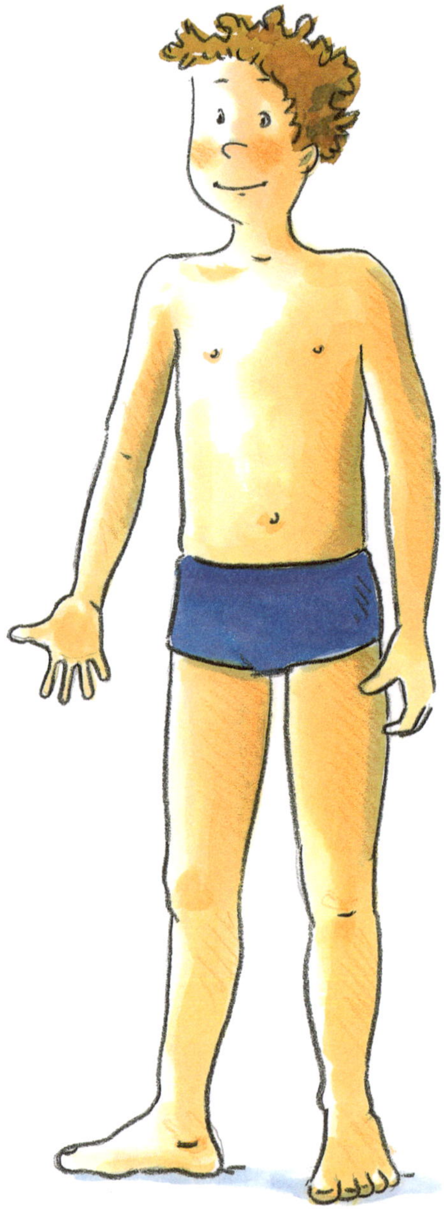

2 Vergleicht eure Körper.

- Körperteile benennen und zuordnen, sich über weitere Körperteile informieren und diese benennen
- Funktion der Körperteile besprechen
- Körper darstellen und miteinander vergleichen

Junge oder Mädchen?

1

2 Setze die Körperteile zusammen.

• Jungen und Mädchen anhand der äußerlich sichtbaren Geschlechtsmerkmale unterscheiden; verschiedene Begriffe sammeln, kindgerechte Bezeichnungen verwenden (Scheide, Penis, Hodensack)
• Zum Rollenverhalten von Mädchen und Jungen siehe S. 68

Körperpflege

1 Wie werden die Kinder wieder sauber?

• Über tägliche Situationen sprechen, bei denen der Körper schmutzig wird • Den Situationen passende Reinigungsmöglichkeiten zuordnen, indem in die Kästchen die Nummer der Reinigungsart eingetragen wird
• Notwendigkeit und Häufigkeit der einzelnen Reinigungsmaßnahmen erläutern und begründen

1 Was brauchst du zur Körperpflege? Kreuze es an.

2 Wofür benutzt du diese Dinge? Trage sie ein und kreuze an.

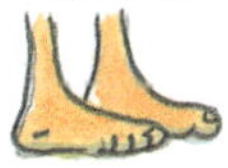					
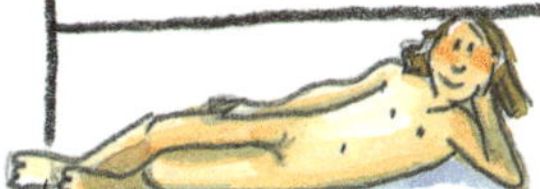					

3 Körperpflege hält dich gesund. Was hält dich noch gesund?

• Gegenstände zur Körperpflege mitbringen und benennen, ihre Funktion ausprobieren und erklären • Bedeutung der Körperpflege für die Gesunderhaltung des Körpers herausstellen • Weitere gesundheitsfördernde Maßnahmen (Schlaf, Bewegung, Freundschaft, Geborgenheit ...) erläutern, aufmalen oder aufschreiben

Zähne

1 Betrachte deine Zähne.
Befühle sie auch mit deiner Zunge.

2 Male die Zähne in der richtigen Farbe an.

Milchzähne der Kinder

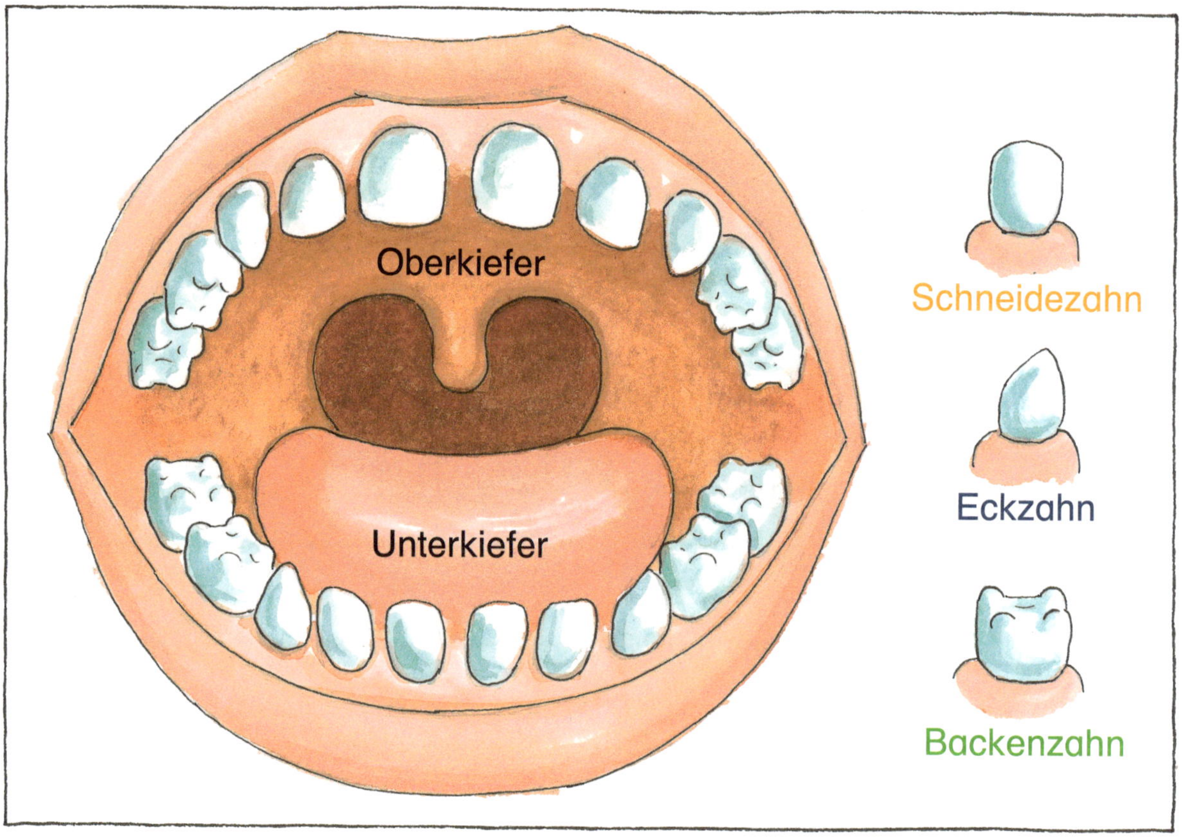

3 Iss ein Stück Apfel. Wie arbeiten deine Zähne? Verbinde es.

Die Schneidezähne		zermahlen.
Die Eckzähne	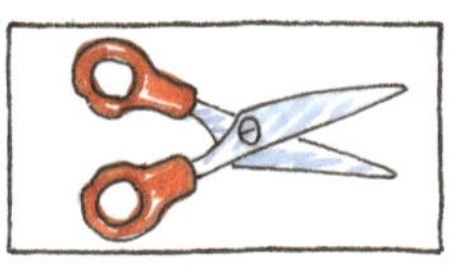	schneiden und beißen ab.
Die Backenzähne	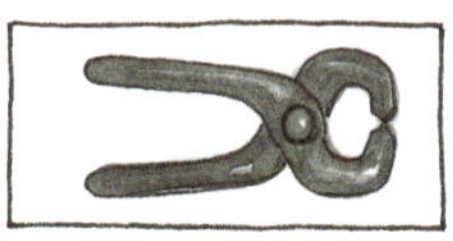	reißen.

- Die eigenen Zähne betrachten, mit der Zunge ihre unterschiedliche Oberflächenstruktur erspüren
- Zähne in Schneide-, Eck-, Backenzähne unterscheiden; im Kindergebiss benennen und farblich markieren
- Apfel mit verschiedenen Zähnen zerkleinern, dabei die Funktionsweise der Zähne entdecken

1 So putzt du deine Zähne richtig:

Kauflächen

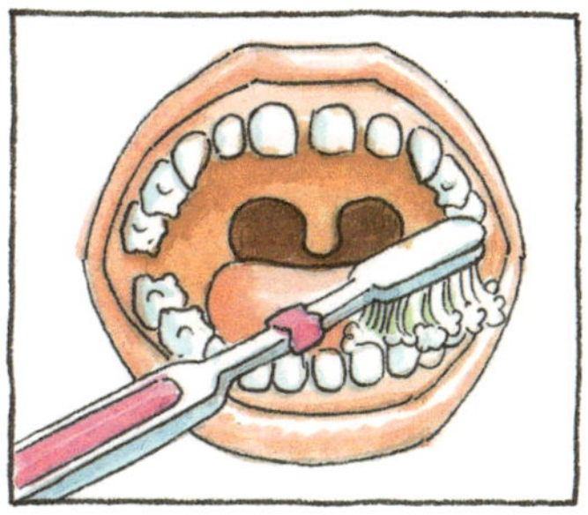

Außenflächen

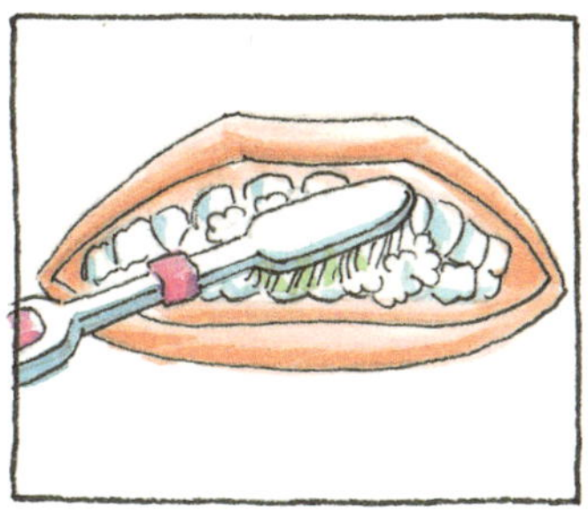

Innenflächen

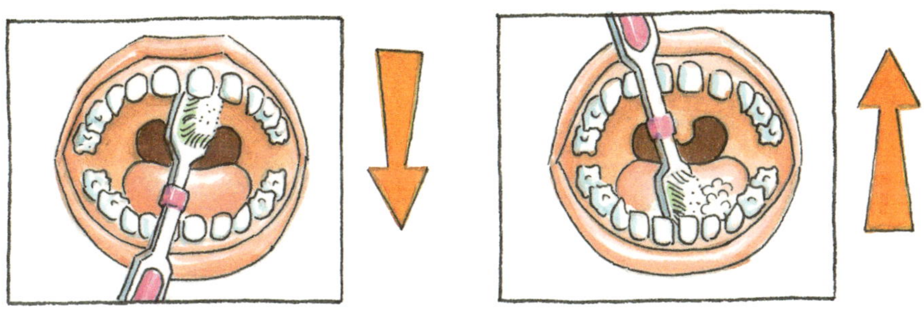

2 Welche ist die richtige Bürste für dich?

 ☐
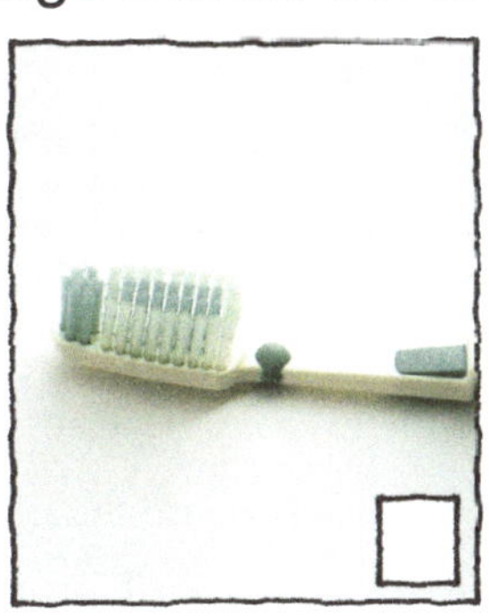 ☐
 ☐
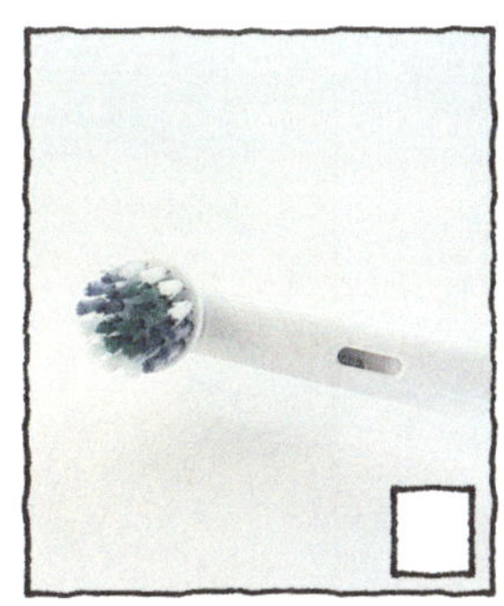 ☐

Info

Haie haben mehrere Reihen von scharfen Zähnen.
Die vorderen Zähne fallen immer wieder aus.
Von hinten wachsen das ganze Leben lang neue nach.

• Richtige Zahnputztechniken kennenlernen, umsetzen und vor dem Spiegel bzw. mit Partner üben
• Über passendes Zubehör (richtige Zahnbürste, Zahnpasta, Becher mit Wasser) und dessen Funktion sprechen • Besonderheit des Haigebisses mit dem menschlichen Zahnwechsel vergleichen

Spiele drinnen und draußen

1 Welche Spiele gefallen dir? Kreuze sie an und probiere sie aus.

- Verschiedene Arten von Spielen beschreiben; Spiele entdecken, die schon die Großeltern spielten
- Gemeinsam überlegen, welche Dinge zum Ausprobieren der Spiele benötigt werden

• Selbst Spiele erfinden; für unbekannte oder bereits bekannte Spiele neue Spielregeln entwickeln

Spielplatzdetektive

1 Welcher Spielplatz gefällt dir am besten? Verteile die Bälle.

• Ausmalen der Bälle: 0 Ball = nicht attraktiv/uninteressant, 1 Ball = geht so, 2 Bälle = ganz gut, 3 Bälle = interessant und spannend • Plätze zum Spielen fotografieren oder beschreiben, Gefahrenquellen nennen • Spielorte in der Umgebung erkunden; miteinander vergleichen; sichere und gefährliche benennen

Freie Zeit

1 Was kannst du in deiner freien Zeit tun?

Das kann ich allein tun:

Dazu brauche ich Erwachsene:

• Von Freizeiterlebnissen erzählen; Freizeitideen sammeln • Gemeinsam eine Collage gestalten mit Freizeitmöglichkeiten im Heimatort (Fotos, kurze Texte, Zeichnungen verwenden)

Wir nutzen Medien

1 Welche Medien entdeckst du auf den Bildern?

2 Welche Medien nutzt du?

• Beschreiben, was die Kinder auf den Bildern tun; verschiedene Medien erkennen, benennen und ihre Funktion herausfinden • Zwischen traditionellen und neuen Medien unterscheiden • Malen oder beschreiben selbst genutzter Medien; darüber diskutieren

1 Suche dir aus den Medien jeweils etwas Interessantes heraus.

Zeitung

Computer

2 Schreibe jeweils eine passende Überschrift.

• Erstes Heranführen an die unterschiedlichen Nutzungsmöglichkeiten von Medien: Zeitungen als Informationsquelle für Neuigkeiten; Computer und Internet als Informations- und Recherchemedium • Benennen und Aufschreiben der Bezeichnung für ein weiteres Medium; Interessantes darin suchen und darstellen

?! Gewusst wie ...

Wiederhole

(1) Welche Körperteile hast du zweimal?

(2) Welche Spiele kann man im Zimmer spielen?

(3) Frage Oma oder Opa, welche Spiele sie noch kennen.

(4) Trage ein, wozu du die abgebildeten Medien nutzen kannst.

1 zum Hören

2 zum Sehen

3 zum Schreiben, Spielen, Üben

Schau nach

(5) Wie ist ein Zahn aufgebaut?
Wie wächst er nach?

(6) Wie heißen die Schneide-, Eck- und Backenzähne bei Tieren?

(7) Stimmt es, dass Haie ihr ganzes Leben lang neue Zähne bekommen?

(8) Was ist der Unterschied zwischen einer  und einem  ?

(9) Welche Freizeitangebote gibt es in deiner Umgebung?

Probiere aus

1

Welche Gefühle kannst du mit deinem Körper ausdrücken?
Probiere es selbst aus.

2

Welche Geräusche kannst du mit deinem Körper machen?
Veranstaltet ein Geräuschkonzert.

3 Was kannst du damit spielen?

Schlauberger

4 Warum müssen wir schlafen?

5 Warum haben wir kein Fell?

6 Warum ist man morgens größer als abends?

7 Warum „schrumpeln“ Finger beim Baden?

Sommer

• Im Freien den Sommer erleben • Beschreibung der für die Jahreszeit typischen Erscheinungsformen (Natur, Pflanzen, Tiere, Wetter) • Vergleich mit den anderen Jahreszeitenbildern

Wasserforscher

• Erste experimentelle Versuche zu Wasser: Lernen an Stationen oder Einzelversuche nach Wahl
• Entdecken der Eigenschaften: flüssig, farb-, geruchs- und geschmacklos, hat eine „Haut", treibt an, löst Stoffe auf • Experiment 5: vermuten, überprüfen, erste Erklärungensversuche zu Langzeitversuch

Schwimmen und sinken

1

2 Was schwimmt? Was sinkt? Vermute und sortiere sie.

3 Probiere es aus und kreuze das Ergebnis an.

- Partner- oder Kleingruppenarbeit: Vermutungen, was schwimmt/sinkt, und Einteilung der Gegenstände
- Überprüfung im Versuch, Festhalten der Beobachtungen (Tabelle), gemeinsame Erklärungsversuche
- Kinder finden eigene Gegenstände, vermuten und überprüfen diese auf ihre Schwimmfähigkeit

Schiff ahoi!

1 Baue ein Schiff, das schwimmt.
Welche Materialien brauchst du dazu?

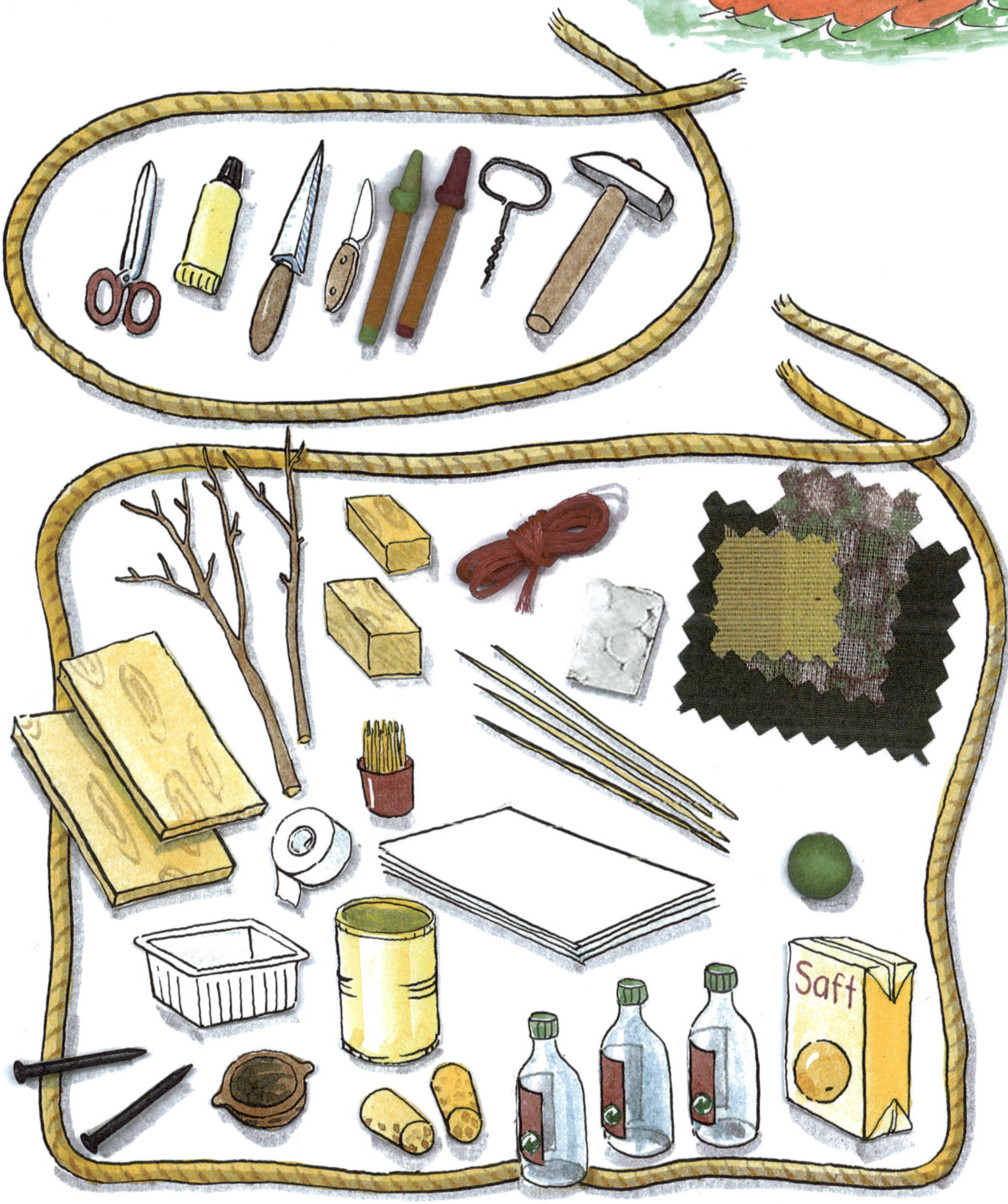

2 Lass dein Schiff schwimmen.

3 Wie bist du beim Bauen vorgegangen? Zeichne es.

- Vermutungen äußern, welche Materialien geeignet sind, damit das Schiff schwimmt
- Dokumentationsmöglichkeit durch Leporello oder Fotos (Schiff, Material, Bauweise, Ergebnis)

Menschen leben unterschiedlich

Typisch Mädchen – typisch Junge

1 Was machst du auch? Kreuze es an.

2 Wie ist es bei euch in der Klasse?

3 Male, was du am liebsten machst.

- Über Gemeinsamkeiten und Unterschiede im Verhalten von Mädchen und Jungen sprechen
- Lieblingsbeschäftigungen der Kinder in der Klasse kennenlernen und vergleichen

So feiern Kinder anderswo

1 Wo werden diese Feste gefeiert?

① Brasilien ② USA ③ Türkei ④ China ⑤ Schweden ⑥ Griechenland

Karneval in Rio

Şeker bayramı
Zuckerfest

Chunjie
Frühlingsfest

Lucia-Fest
Lichterfest

Passahfest
Osterfest

Halloween

2 Welche Feste gibt es bei uns?

- Feste unterschiedlicher Nationen kennenlernen und darüber sprechen
- Feste im Jahreskreis besprechen; typische Dinge mitbringen lassen

Reise durch Europa

• Ländernamen selbstständig (durch Nachschlagen) oder gemeinsam herausfinden

• Gemeinsam mit den Kindern Spielregeln erarbeiten und in Kleingruppen spielen

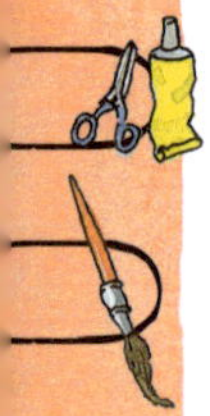

Woraus ist das?

1 Ordne die Gegenstände den Materialien zu. Ergänze sie.

Glas

Papier

Kunststoff

Holz

Metall

• Gegenstände von S. 87 ausschneiden und einkleben; Achtung: 2 Gegenstände bleiben übrig • Benennen der Gegenstände und erkennen, dass diese aus mehreren Materialien bestehen • Weitere Gegenstände suchen, diese malen oder einkleben

Hammer, Säge und noch mehr

1 Beschrifte die Werkzeuge. Kennst du noch mehr?

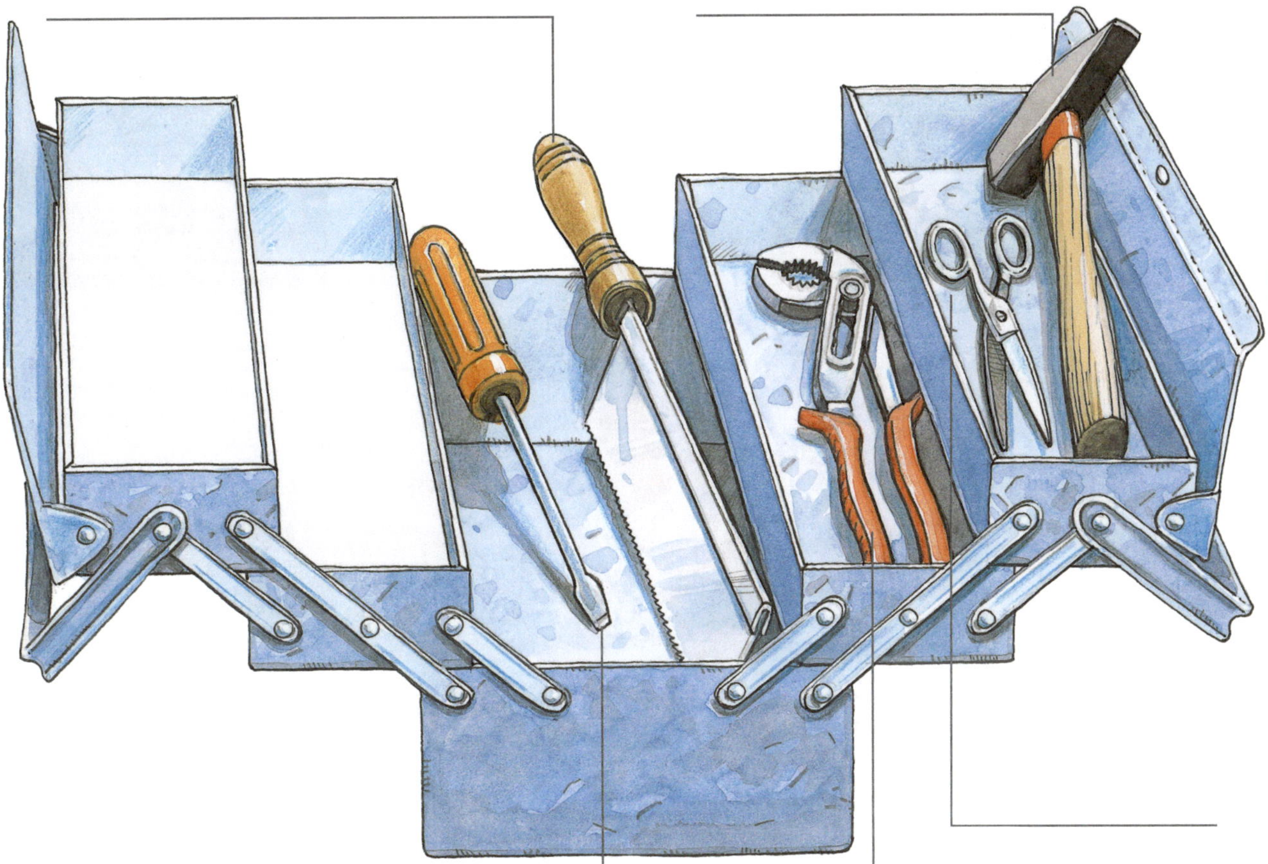

Hammer, Schere, Schraubendreher, Zange, Säge

2 Was macht man mit den Werkzeugen? Verbinde sie richtig.

Hammer Schere Schraubendreher Zange Säge

• Unterschiedliche Werkzeuge kennenlernen und über ihre Verwendungsmöglichkeit sprechen • Weitere Werkzeuge in die leeren Fächer des Werkzeugkastens einkleben oder einzeichnen; in der Klasse vorstellen

Bauen mit Papier

1 Baue ein Haus aus Papier.

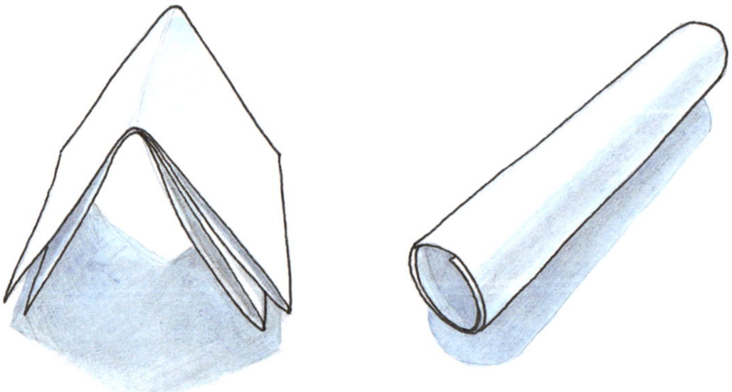
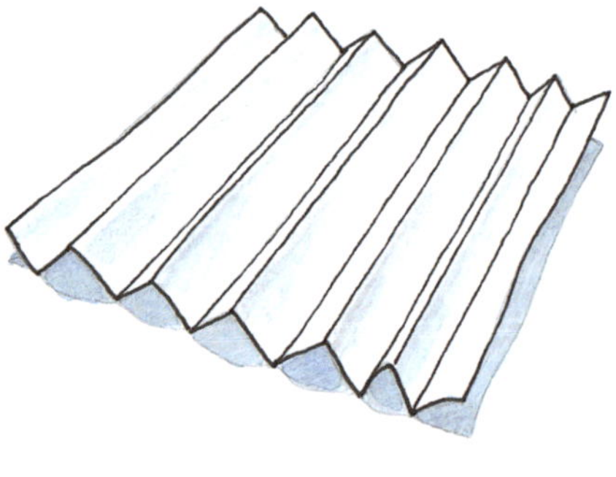

2 Vergleicht die gebauten Häuser in der Klasse.

Info

Auch Wespen bauen ihre Nester aus Papier. Sie zerkauen kleine Stücke aus Holz und vermischen sie mit Spucke. Daraus wird eine Art Papier, welches sich gut zum Nestbau eignet.

- Im Versuch herausfinden, dass Papier durch verschiedenes Umformen stabiler werden kann
- Vergleich der Häuser in Bezug auf Stabilität; Klärung des Begriffs Stabilität

Gewusst wie ...

Wiederhole

1. Was schwimmt? Probiere es aus und kreuze an.

2. Aus welchen Materialien ist ein Hammer?

3. Welcher Gegenstand passt nicht dazu? Streiche ihn durch.

Schau nach

4. Welche Eigenschaften haben diese Materialien? Kreuze an.

			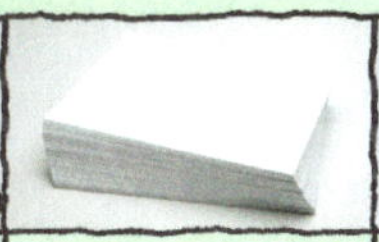		
glatt					
rau					
hart					
weich					

5. Warum feiert man Halloween?

6. Welche Feste mit Licht kennst du?

7. Welche Flaggen haben Sterne?

?! Gewusst wie ...

Probiere aus

(1) Verloren hat derjenige, bei dem das Wasser überläuft.
Probiere es aus. Was fällt dir auf?

(2) Was passiert? Erkläre es und zeichne es.

1. 2. 3. ... nach einer Weile

(3) Wer baut den höchsten Turm? Er darf nicht umfallen!

Schlauberger

(4) Warum sinken Enten im Wasser nicht ein?

(5) Was für ein Werkzeug ist ein Fuchsschwanz?

Zu S. 10

Zu S. 18

Zu S. 32/33

Zu S. 39

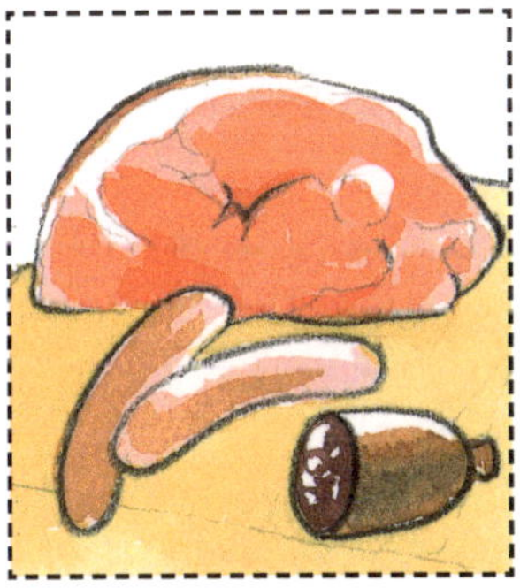

Zu S. 36

Napf für Trockenfutter

Heuraufe

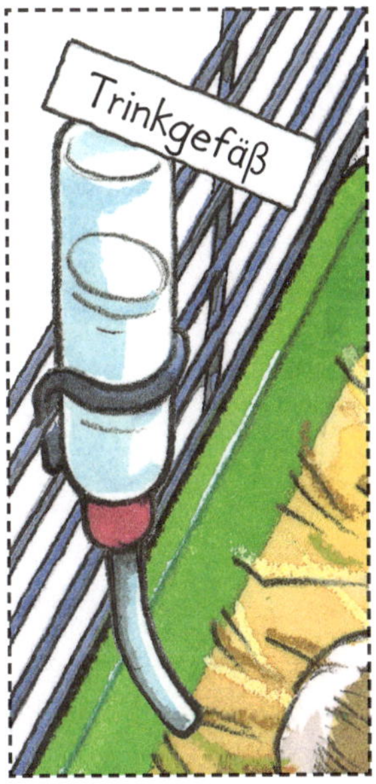
Trinkgefäß

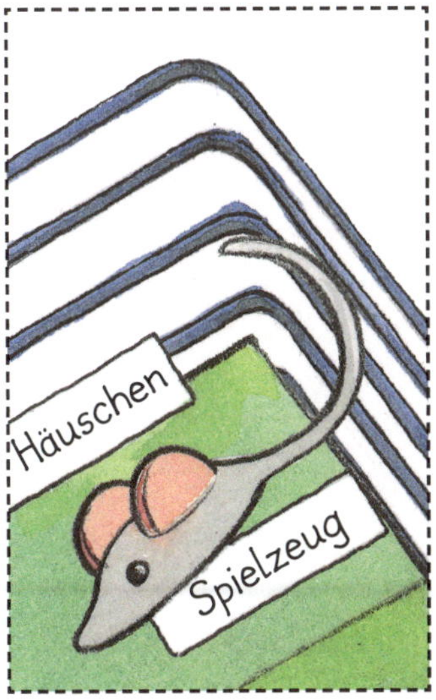
Häuschen
Spielzeug

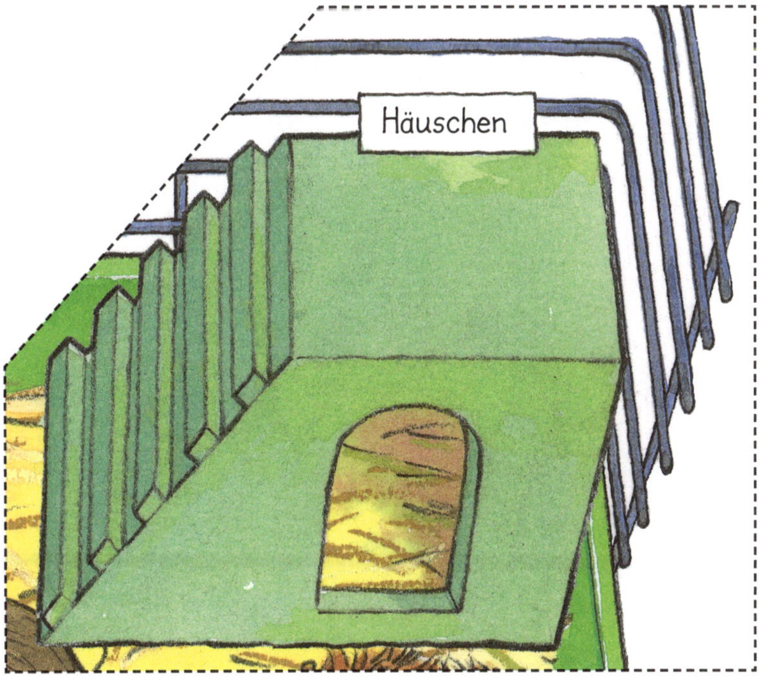
Häuschen

Zu S. 43

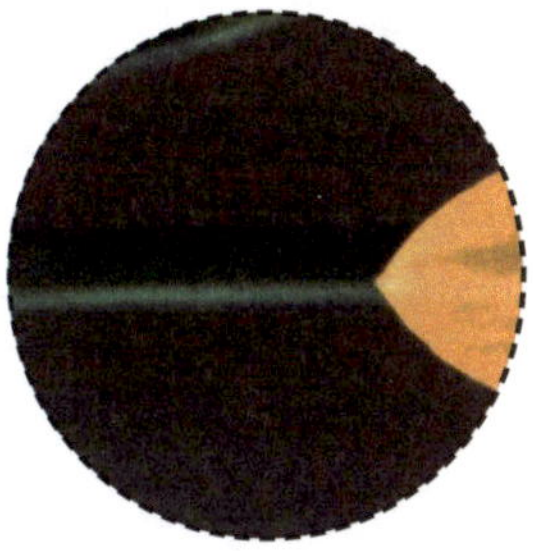

Zu S. 44

Schneeglöckchen

Scharbockskraut

Haselnuss

Blaustern

Zu S. 45

Zu S. 51

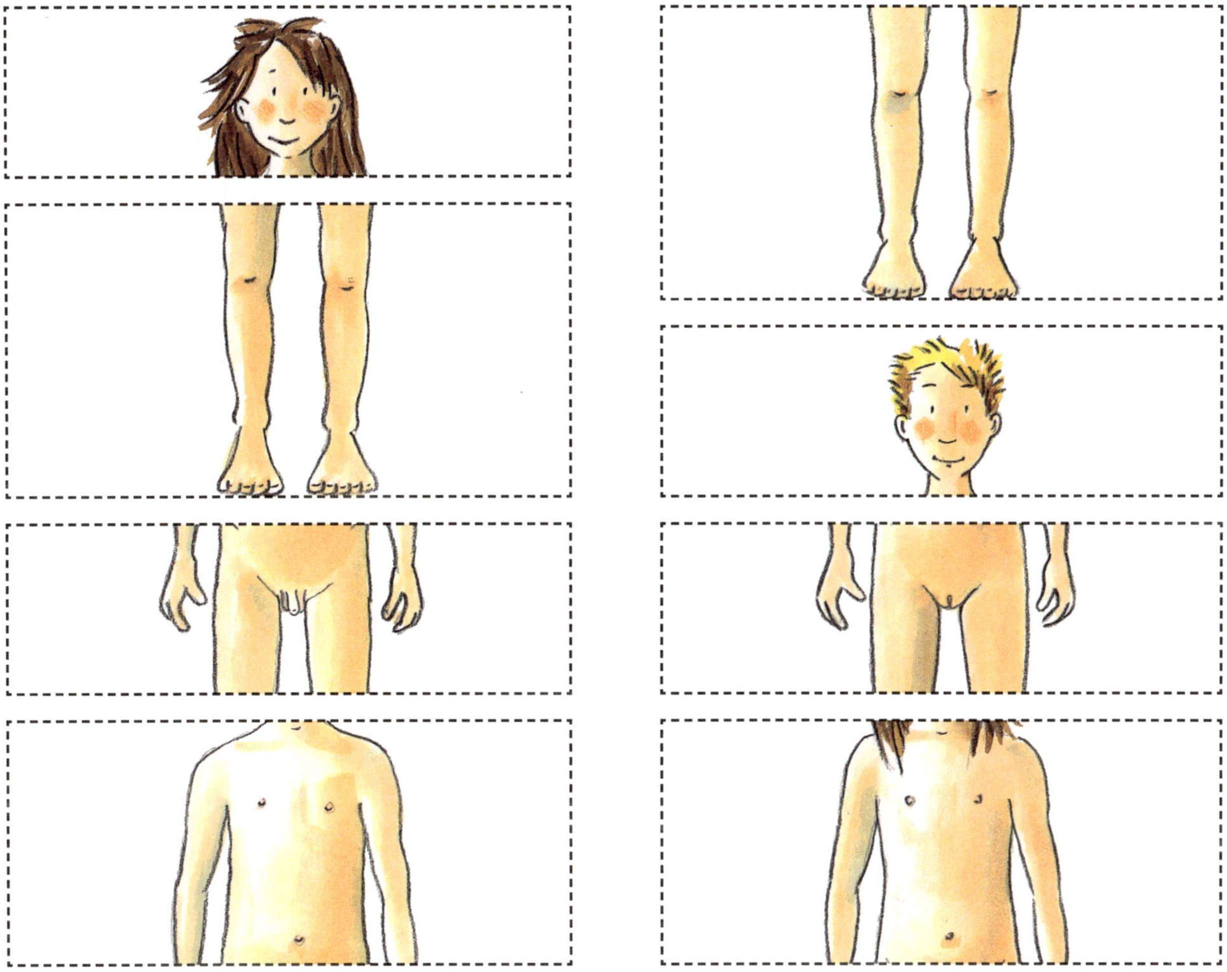

Zu S. 72

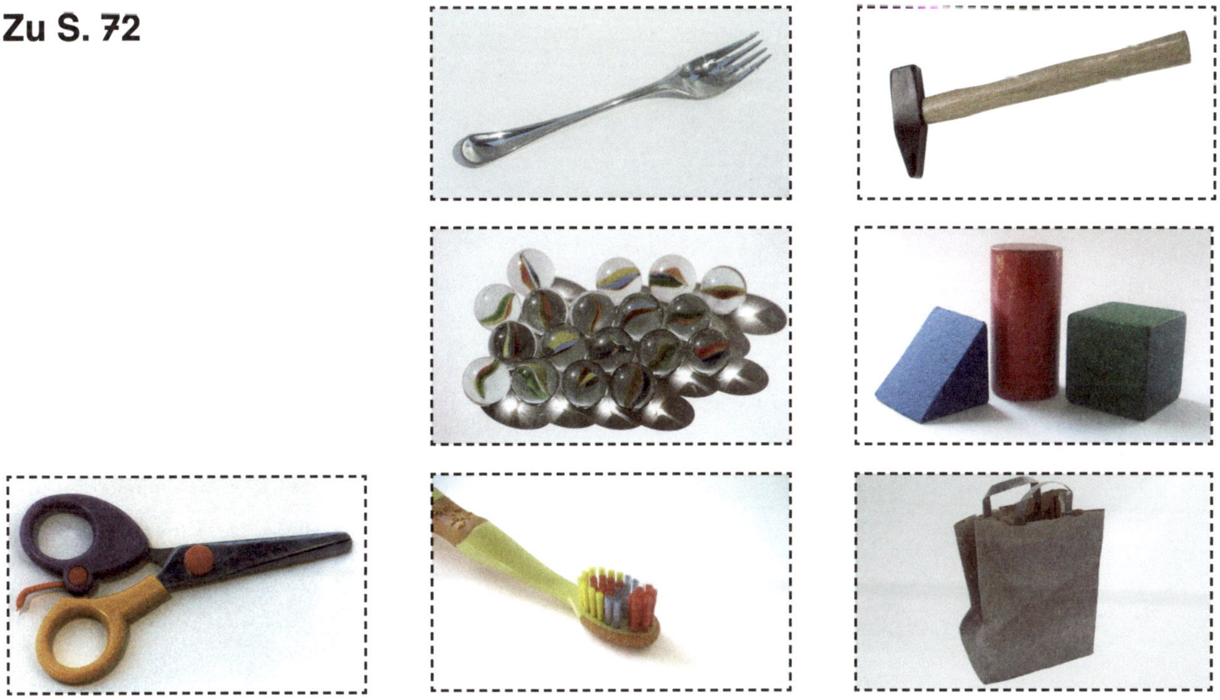